Impressum
Verlag: BABADADA GmbH, Nedderfeld 112 , 22529 Hamburg
Geschäftsführer / Verlagsleitung: Harald Hof
Druck: Books on Demand GmbH, In de Tarpen 42, 22848 Norderstedt

Imprint
Publisher: BABADADA GmbH, Nedderfeld 112 , 22529 Hamburg, Germany
Managing Director / Publishing direction: Harald Hof
Print: Books on Demand GmbH, In de Tarpen 42, 22848 Norderstedt

koulu

դպրոց

jakaa
բաժանել
186/2
taulu
գրատախտակ
luokkahuone
մատյան
koulunpiha
խաղադաշտ
opettaja
ուսուցիչ
paperi
թուղթ
kirjoittaa
գրել
kynä
գրիչ
kirjoituspöytä
գրասեղան
viivoitin
քանոն
kirja
գիրք
oppilas
աշակերտ

reppu

պայուսակ

penaali

գրչատուփ

lyijykynä

մատիտ

kynänteroitin

մատիտի սրիչ

pyyhekumi

ռետին

piirustuslehtiö

նկարչական ալբոմ

piirustus

Նկարչություն

pensseli

վրձին

vesivärit

Ներկերի տուփ

sakset

Մկրատ

liima

սոսինձ

harjoituskirja

տետր

kotitehtävä

Տնային աշխատանք

12

luku

թիվ

2+2

lisätä

գումարել

5-2

vähentää

հանել

2×2

kertoa

բազմապատկել

laskea

հաշվել

A

kirjain

տառ

ABCDEFG
HIJKLMN
OPQRSTU
VWXYZ

aakkoset

այբուբեն

sana

բառ

teksti

տեքստ

lukea

կարդալ

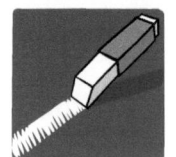

liitu

կավիճ

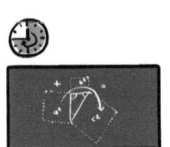

oppitunti

դաս

opettajan muistikirja

մատյան

koe

քննություն

todistus

վկայական

koulupuku

դպրոցական համազգեստ

koulutus

կրթություն

sanakirja

հանրագիտարան

yliopisto

համալսարան

mikroskooppi

մանրադիտակ

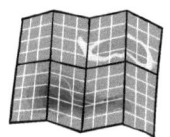

kartta

քարտեզ

roskakori

աղբարկղ

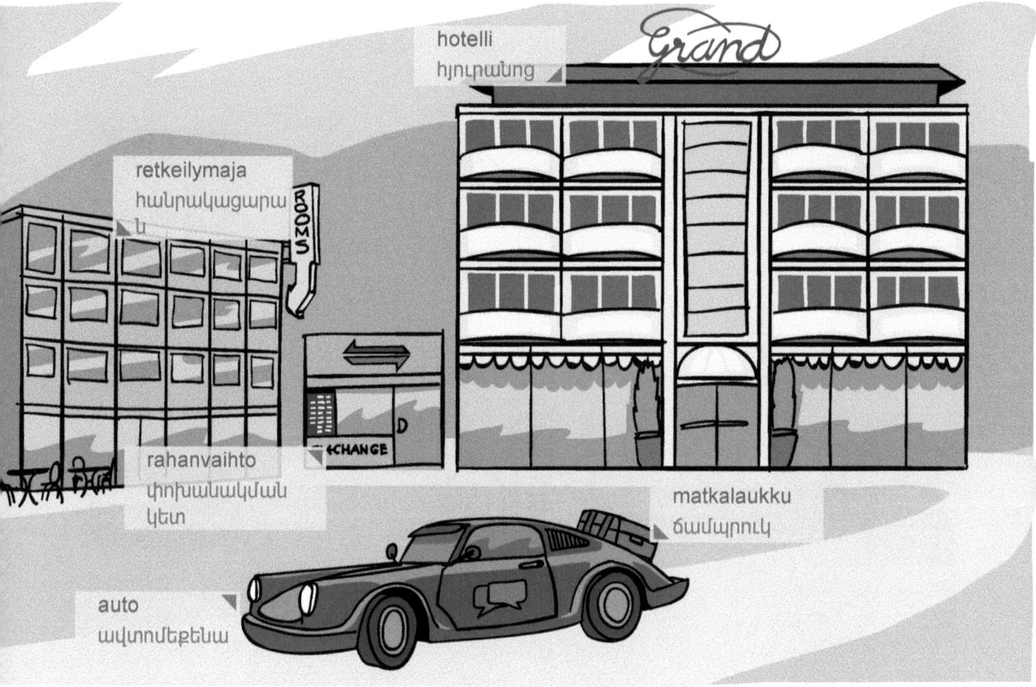

hotelli
հյուրանոց
Grand
retkeilymaja
հանրակացարա
ն
ROOMS
rahanvaihto
փոխանակման
կետ
matkalaukku
ճամպրուկ
auto
ավտոմեքենա

kieli

լեզու

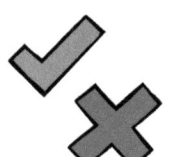

kyllä / ei

այո / ոչ

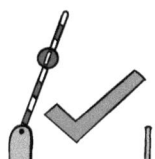

selvä

Լավ

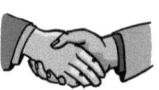

hei

ողջույն

tulkki

թարգմանիչ

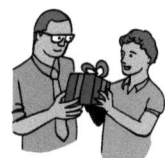

kiitos

Շնորհակալություն

Paljonko...maksaa?

Որքան է ...?

en ymmärrä

Ես չեմ հասկանում

ongelma

խնդիր

Hyvää iltaa!

Բարի երեկո

Hyvää huomenta!

Բարի լույս

Hyvää yötä!

Բարի երեկո

näkemiin

ցտեսություն

suunta

ուղղություն

matkatavarat

ուղղեբեռ

laukku

պայուսակ

reppu

մեջքի պայուսակ

vieras

հյուր

huone

սենյակ

makuupussi

քնապարկ

teltta

վրան

turisti-info

Զբոսաշրջության տեղեկատվական

ranta

լողափ

luottokortti

ԿՐԵԴԻՏ քարտ

aamupala

նախաճաշ

lounas

լանչ

päivällinen

ճաշ

matkalippu

տոմս

hissi

վերելակ

postimerkki

կնիք

raja

սահման

tulli

մաքսային

suurlähetystö

դեսպանություն

viisumi

մուտքի արտոնագիր

passi

անձնագիր

kuljetus

Փոխադրամիջոցներ

lentokone
ինքնաթիռ
laiva
նավ
paloauto
հրշեջ մեքենա
linja-auto
ավտոբուս
kuorma-auto
բեռնատար մեքենա
moottorivene
մոտորանավակ
polkupyörä
հեծանիվ
auto
ավտոմեքենա

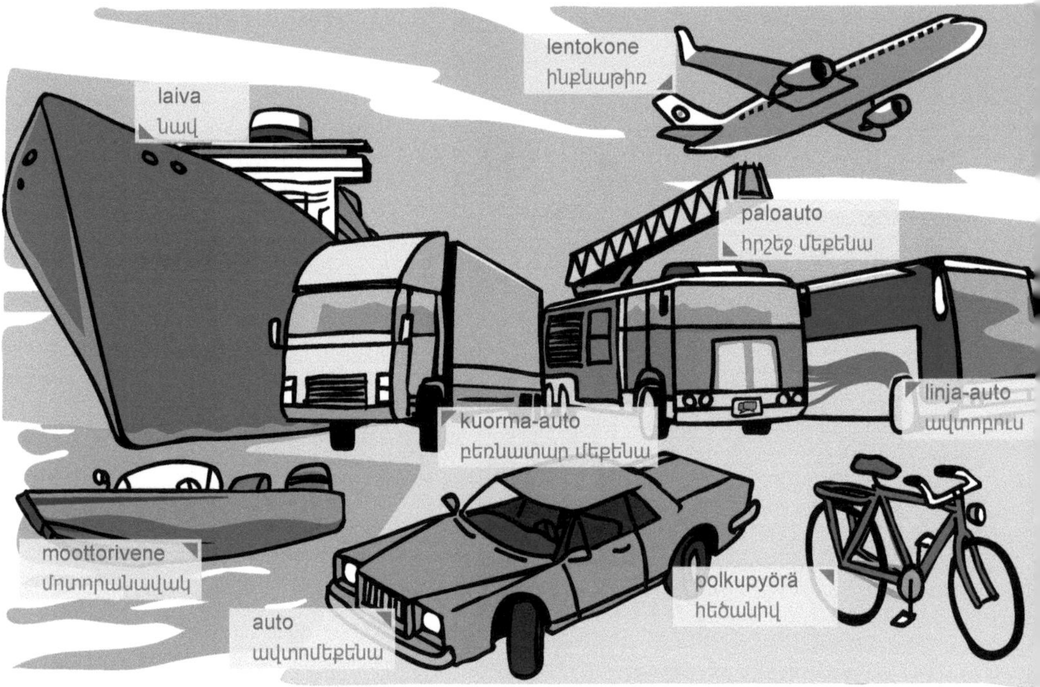

lautta

լաստանավ

vene

նավակ

moottoripyörä

մոտոցիկլ

poliisiauto

ոստիկանության մեքենա

kilpa-auto

մրցարշավային մեքենա

vuokra-auto

վարձակալվող մեքենա

car sharing

մեքենայի վարձակալում

hinausauto

Էվակուատոր

roska-auto

աղբահանության մեքենա

moottori

շարժիչ

polttoaine

վառելիք

huoltoasema

բենզալցակայան

liikennemerkki

երթևեկության նշան

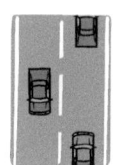

liikenne

երթևեկություն

ruuhka

խցանում

parkkipaikka

ավտոկանգառ

rautatieasema

երկաթուղային կայարան

raiteet

երկաթուղագիծ

juna

գնացք

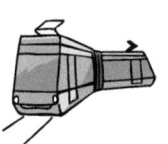

raitiovaunu

տրամվայ

vaunu

վագոն

helikopteri

ուղղաթիռ

lentokenttä

օդանավակայան

lähilennonjohto

աշտարակ

matkustaja

ուղեւոր

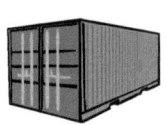

kontti

աման

pahvilaatikko

խավաքարտ

kärryt

սայլ

kori

զամբյուղ

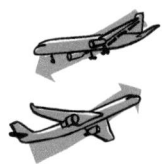

nousta / laskea

հանեք / հողատարածք

kaupunki

քաղաք

kylä

գյուղ

keskusta

քաղաքի կենտրոնում

talo

տուն

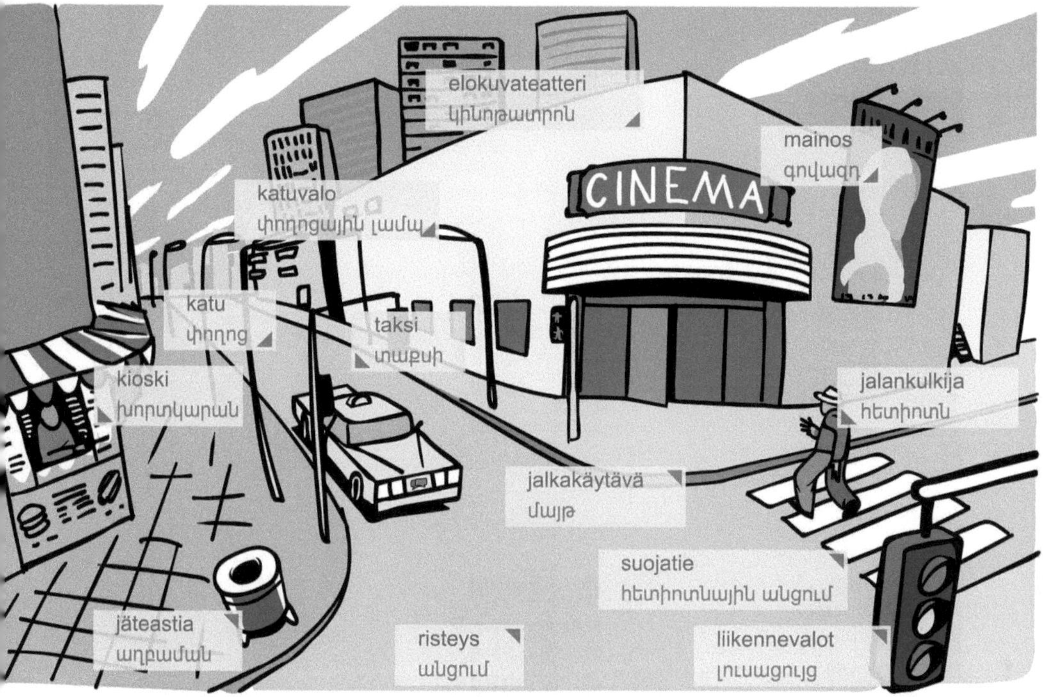

elokuvateatteri
կինոթատրոն
CINEMA
mainos
գովազդ
katuvalo
փողոցային լամպ
katu
փողոց
taksi
տաքսի
kioski
խորտկարան
jalankulkija
հետիոտն
jalkakäytävä
մայթ
suojatie
հետիոտնային անցում
jäteastia
աղբաման
risteys
անցում
liikennevalot
լուսացույց

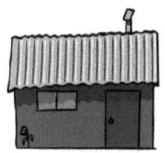

mökki

խրճիթ

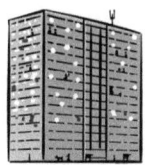

kerrostalo

բնակարան

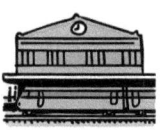

rautatieasema

երկաթուղային կայարան

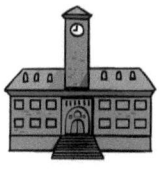

kaupungintalo

քաղաքապետարան

MUSEUM

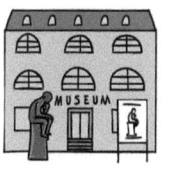

museo

թանգարան

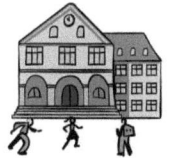

koulu

դպրոց

yliopisto

համալսարան

pankki

բանկ

sairaala

հիվանդանոց

hotelli

հյուրանոց

apteekki

դեղատուն

toimisto

գրասենյակ

kirjakauppa

գրքույկ խանութ

liike

խանութ

kukkakauppa

ծաղկի խանութ

supermarketti

սուպերմարկետ

tori

շուկա

tavaratalo

հանրախանութ

kalakauppias

ձկան խանութ

ostoskeskus

առևտրի կենտրոն

satama

նավահանգիստ

puisto

զբոսայգի

penkki

բանկերը

silta

կամուրջ

portaat

աստիճաններ

metro

մետրո

tunneli

թունել

linja-autopysäkki

ավտոբուսի կանգառ

baari

բար

ravintola

ռեստորան

postilaatikko

փոստարկղ

katukyltti

փողոցային նշան

parkkimittari

ավտոկայանման հաշվիչ

eläintarha

կենդանաբանական այգի

uimala

լողավազան

moskeija

մզկիթ

maatila
ֆերմա

ympäristön saastuminen
աղտոտման

hautausmaa
գերեզմանոց

kirkko
եկեղեցի

leikkikenttä
խաղահրապարակ

temppeli
տաճար

maisema
բնապատկեր

lehti
փետղ

tienviitta
ուղղության նշան

tie
ճանապարհ

niitty
մարգագետին

kivi
քար

puu
ծառ

retkeilijä
արշավականներ

joki
գետ

ruoho
խոտ

kukka
ծաղիկ

laakso

հովիտ

vuori

բլուր

järvi

լիճ

metsä

անտառ

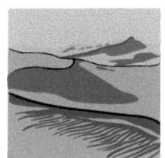

aavikko

անապատ

tulivuori

հրաբուխ

linna

ամրոց

sateenkaari

ծիածան

sieni

սունկ

palmu

արմավենու ծառ

hyttynen

մժեղ

kärpänen

թռչել

muurahainen

մրջյուն

mehiläinen

մեղու

hämähäkki

սարդ

kovakuoriainen

բզեզ

sammakko

գորտ

orava

սկյուռ

siili

ոզնի

jänis

նապաստակ

pöllö

բու

lintu

թռչուն

joutsen

կարապ

villisika

վարազ

peura

եղջերու

hirvi

իշայծյամ

pato

պատնեշ

tuulimylly

քամին տուրբինների

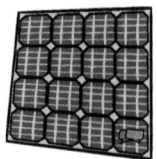

aurinkopaneeli

արեւային վահանակ

ilmasto

կլիմա

ravintola

ռեստորան

tarjoilija
մատուցող
ruokalista
մենյու
tuoli
աթոռ
keitto
ապուր
pitsa
պիցցա
pöytäliina
սփռոց
ruokailuvälineet
սպասք

alkuruoka

ստարտեր

pääruoka

հիմնական կերակուր

jälkiruoka

դեսերտ

juomat

օրական

ruoka

սնունդ

pullo

շիշ

pikaruoka

արագ սնունդ

katuruoka

streetfood

teekannu

թեյնիկ

sokeriastia

շաքարաման

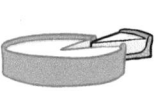

annos

բաժին

espressokeitin

էսպրեսսո մեքենա

syöttötuoli

մանկական աթոռ

lasku

օրինագիծ

tarjotin

սկուտեղ

veitsi

դանակ

haarukka

պատառաքաղ

lusikka

գդալ

teelusikka

թեյի գդալ

servietti

անձեռոցիկ

lasi

ապակի

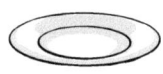

lautanen

ափսե

syvä lautanen

խոր ափսե

aluslautanen

պնակ

kastike

սոուս

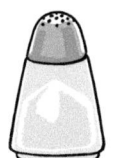

suolasirotin

աղաման

pippurimylly

պղպեղի աղաց

etikka

քացախ

öljy

ձեթ

mausteet

համեմունքներ

ketsuppi

կետչուպ

sinappi

մանանեխ

majoneesi

մայոնեզ

supermarketti

սուպերմարկետ

tarjous
հատուկ առաջարկ
asiakas
հաճախորդ
maitotuotteet
Dairy
hedelmät
միրգ
ostoskärryt
գնումների սայլակ

teurastamo

մսամթերքի խանութ

leipomo

հացամթերքի խանութ

punnita

կշռել

kasvikset

բանջարեղեն

liha

միս

pakasteet

սառեցված սննդամթերքի

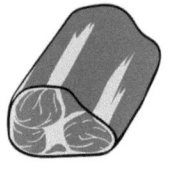

leikkele

երշիկեղեն

säilykkeet

պահածոների

pesujauhe

լվացքի փոշի

makeiset

քաղցրավենիք

kotitaloustarvikkeet

տնտեսական ապրանքներ

puhdistusaineet

մաքրող միջոցներ

myyjä

վաճառող

kassa

դրամարկղ

kassanhoitaja

գանձապահ

ostoslista

գնումների ցուցակ

aukioloajat

ժամերը

lompakko

դրամապանակ

luottokortti

ԿՐԵԴԻՏ քարտ

kassi

պայուսակ

muovipussi

պլաստիկ տոպրակ

juomat
օրական

vesi

ջուր

mehu

հյութ

maito

կաթ

kokis

կոլա

viini

գինի

olut

գարեջուր

alkoholi

սպիրտ

kaakao

կակաո

tee

թեյ

kahvi

սուրճ

espresso

էսպրեսսո

cappuccino

կապուչինո

banaani

բանան

omena

խնձոր

appelsiini

նարնջի

meloni

սեխ

sitruuna

կիտրոն

porkkana

գազար

valkosipuli

սխտոր

bambu

բամբուկ

sipuli

սոխ

sieni

սունկ

pähkinät

ընկուզեղեն

spagetti

արիշտա

spagetti

սպագետտի

riisi

բրինձ

salaatti

աղցան

ranskalaiset

չիպս

paistetut perunat

տապակած կարտոֆիլ

pitsa

պիցցա

hampurilainen

համբուրգեր

voileipä

սենդվիչ

leike

կոտլետ

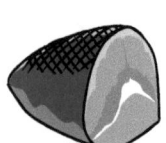

kinkku

խոզապուխտ

salami

սալյամի

makkara

երշիկ

kana

հավ

paisti

խորոված

kala

ձուկ

kaurahiutaleet

վարսակի փաթիլներ

mysli

մյուսլի

murot

եգիպտացորենի փաթիլներ

jauho

ալյուր

voisarvi

կրուասան

sämpylä

բուլկի

leipä

հաց

paahtoleipä

տոստ

keksit

թխվածքաբլիթներ

voi

կարագ

rahka

կաթնաշոռ

kakku

տորթ

kananmuna

ձու

paistettu kananmuna

տապակած ձու

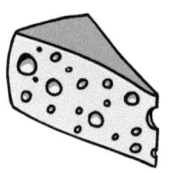

juusto

պանիր

jäätelö
....
պաղպաղակ

sokeri
....
շաքար

hunaja
....
մեղր

hillo
....
ջեմ

suklaapähkinälevite
....
նուգա սերուցք

curry
....
կարրի

maatila
ֆերմա

ֆերմային տնակ
lato; liiteri
գոմ
heinäpaali
ծղոտի դեզ
pelto
դաշտ
hevonen
ձի
peräkärry
կցասայլ
traktori
տրակտոր
varsa
քուռակ
aasi
ավանակ
lammas
ոչխար
karitsa
գառ

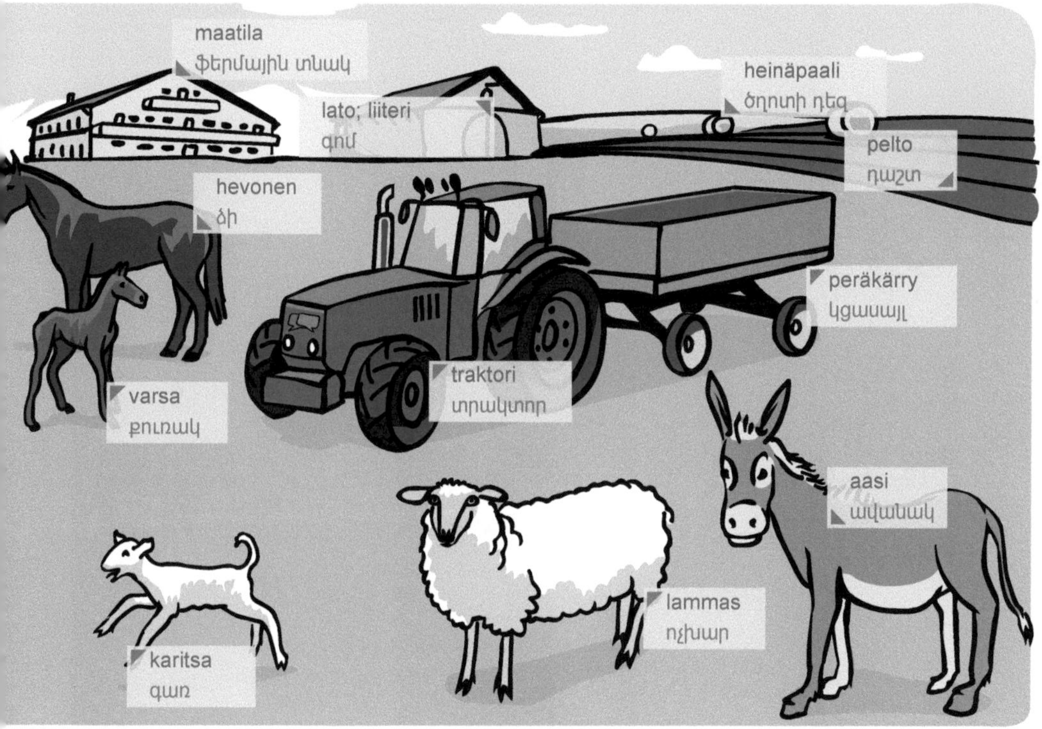

vuohi

այծ

lehmä

կով

vasikka

հորթ

sika

խոզ

porsas

խոճկոր

sonni

ցուլ

hanhi

սագ

ankka

բադ

tipu

ճուտ

kana

հավ

kukko

աքլոր

rotta

առնետ

kissa

կատու

hiiri

մուկ

härkä

ցուլ

koira

շուն

koirankoppi

շան բուն

puutarhaletku

այգու փողրակ

kastelukannu

watering կարող է

viikate

գերանդի

aura

գութան

sirppi

մանգաղ

kuokka

թիիր

talikko

եղան

kirves

կացին

kottikärryt

միանիվ ձեռնասայլակ

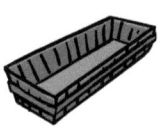

kaukalo

կերակրատաշտ

maitokannu

կաթի բիդոն

säkki

պարկ

aita

ցանկապատ

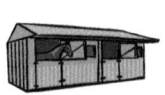

talli

կայուն

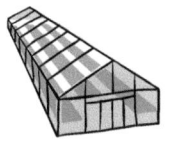

kasvihuone

ջերմոց

maa

հող

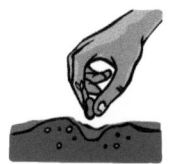

siemen

սերմ

lannoite

պարարտանյութ

leikkuupuimuri

բերքահավաք կոմբայն

kerätä sato

բերք

sato

բերք

jamssit

յամս

vehnä

ցորեն

soija

սոյա

peruna

կարտոֆիլ

maissi

եգիպտացորեն

rypsi

rapeseed

hedelmäpuu

մրգային ծառ

maniokki

manioc

vilja

շիլաներ

talo

տուն

savupiippu
ծխնելույզ
katto
տանիք
sadevesikouru
ջրհորդան խողովակ
ikkuna
պատուհան
autotalli
ավտոտնակ
ovikello
դռան զանգ
ovi
դուռ
roska-astia
աղբարկղ
postilaatikko
փոստարկղ
puutarha
պարտեզ

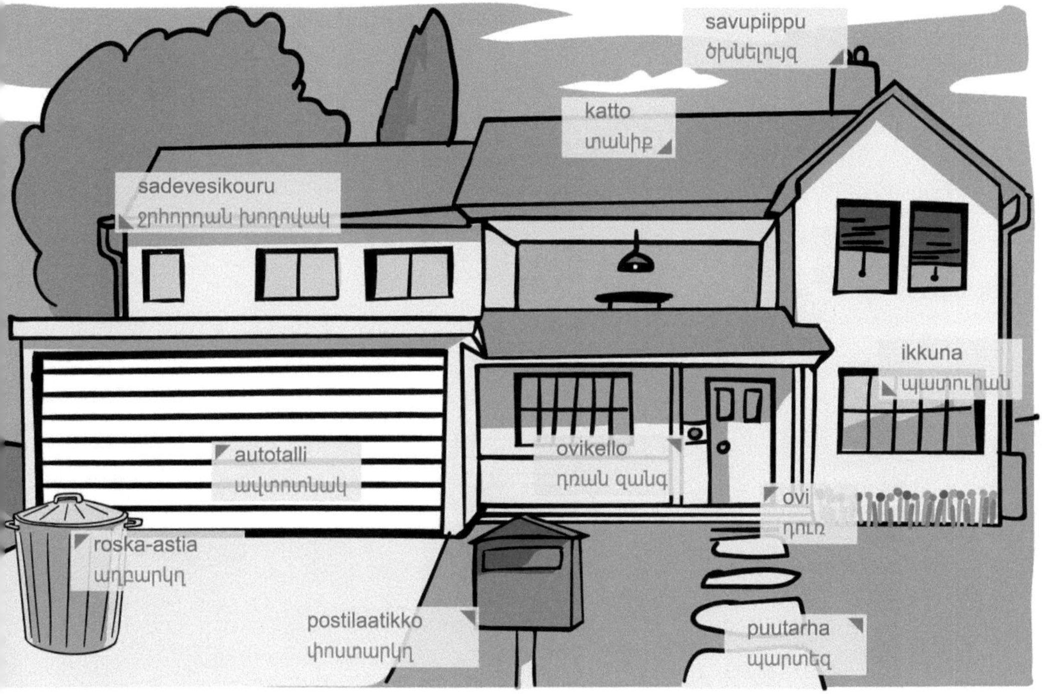

olohuone

հյուրասենյակ

kylpyhuone

լողասենյակ

keittiö

խոհանոց

makuuhuone

ննջարան

lastenhuone

մանկական սենյակ

ruokahuone

ճաշասենյակ

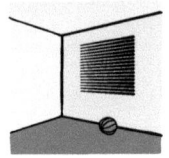

lattia

հարկ

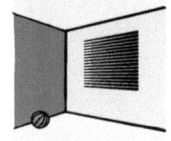

seinä

պատ

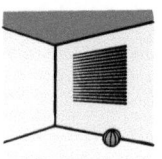

katto

առաստաղ

kellari

նկուղ

sauna

շոգեբաղնիք

parveke

պատշգամբ

terassi

պատշգամբ

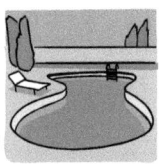

uima-allas

ավազան

ruohonleikkuri

խոտհնձիչ

lakana

թերթ

päiväpeitto

անկողնու ծածկոց

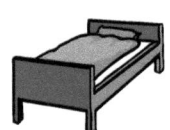

sänky

մահճակալ

harja

ավել

ämpäri

դույլ

katkaisin

անջատիչ

olohuone
հյուրասենյակ

tapetti
պաստառ
kuva
նկար
lamppu
լամպ
hylly
դարակ
kaappi
բուֆետ
televisio
հեռուստացույց
takka
բուխարի
kukka
ծաղիկ
tyyny
բարձ
sohva
բազմոց
maljakko
սկահակ
kaukosäädin
հեռակառավարման
վահանակ

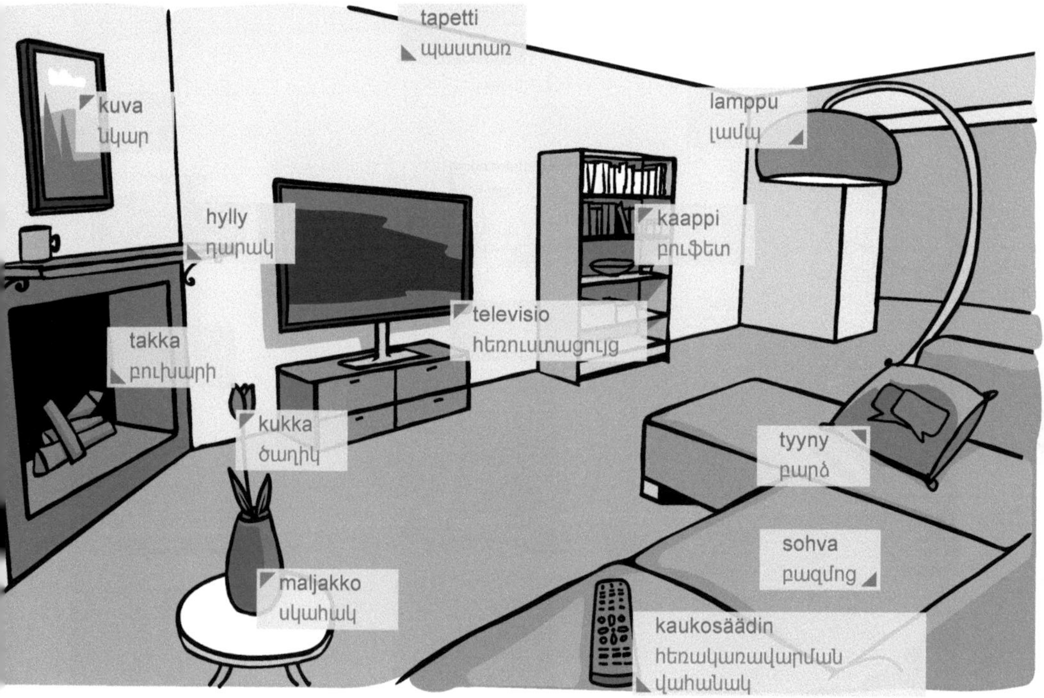

matto
գորգ

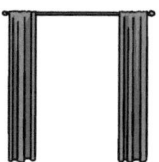

verho
վարագույր

pöytä
սեղան

tuoli
աթոռ

keinutuoli
ճոճվող բազկաթոռ

nojatuoli
բազկաթոռ

kirja

գիրք

peitto

վերմակ

koriste

զարդարանք

polttopuut

վառելափայտ

elokuva

ֆիլմ

stereot

hi-fi

avain

բանալի

sanomalehti

թերթ

maalaus

նկար

juliste

պլակատ

radio

ռադիո

muistivihko

տետր

pölynimuri

փոշեկուլ

kaktus

կակտուս

kynttilä

մոմ

keittiö
խոհանոց

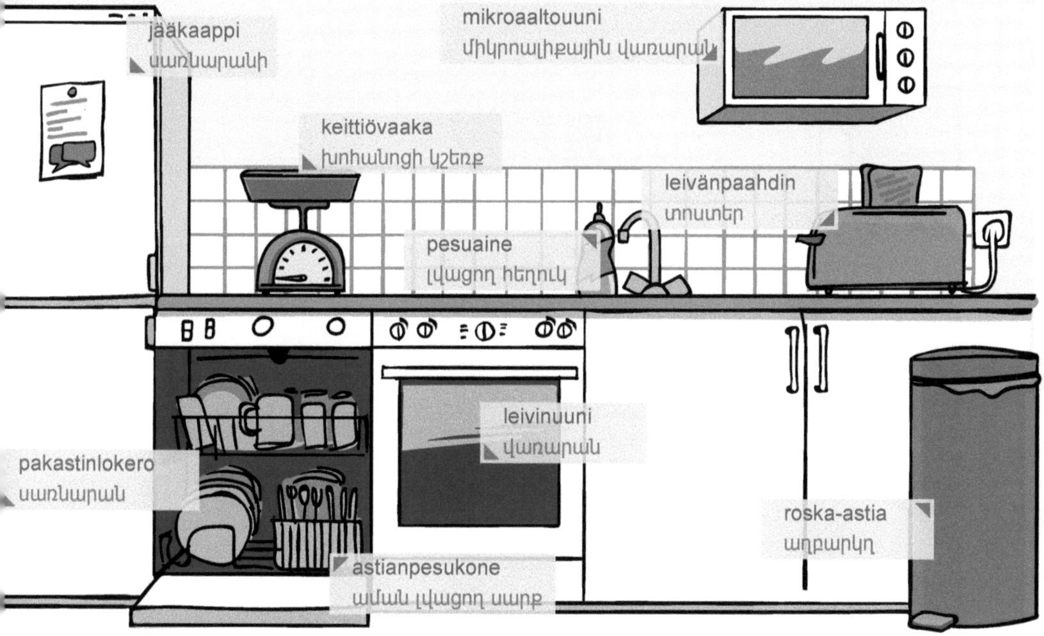

jääkaappi
սառնարանի
mikroaaltouuni
միկրոալիքային վառարան
keittiövaaka
խոհանոցի կշեռք
leivänpaahdin
տոստեր
pesuaine
լվացող հեղուկ
leivinuuni
վառարան
pakastinlokero
սառնարան
roska-astia
աղբարկղ
astianpesukone
աման լվացող սարք

liesi

կաթսա

kattila

կճուճ

rautapata

թուջե աման

okkipannu / kadai-pannu

wok / kadai

paistinpannu

թավա

teepannu

թեյնիկ

keittiö - խոհանոց 35

höyrykeitin

շոգենավ

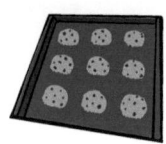

uunipelti

ջեռոցի սկուտեղ

astiat

ամանեղեն

muki

բաժակ

kulho

խորը աման

syömäpuikot

փայտիկներ

kauha

շերեփ

paistinlasta

խոհանոցային բահիկ

vispilä

հարել

siivilä

քամիչ

siivilä

մաղ

raastin

քերիչ

mortteli

հավանգ

grilli

խորոված

avotuli

բաց կրակի

leikkuulauta

տախտակ

kaulin

գրտնակ

korkinavaaja

խցանահան

purkki

բանկա

purkinavaaja

բացիչ

pannulappu

խոհանոցային բռնիչ

lavuaari

լվացարան

tiskiharja

խոզանակ

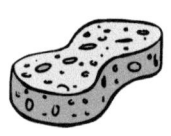

pesusieni

սպունգ

tehosekoitin

բլենդեր

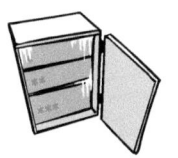

pakastin

սառնարան

tuttipullo

մանկական շիշ

vesihana

թակել

kylpyhuone

լողասենյակ

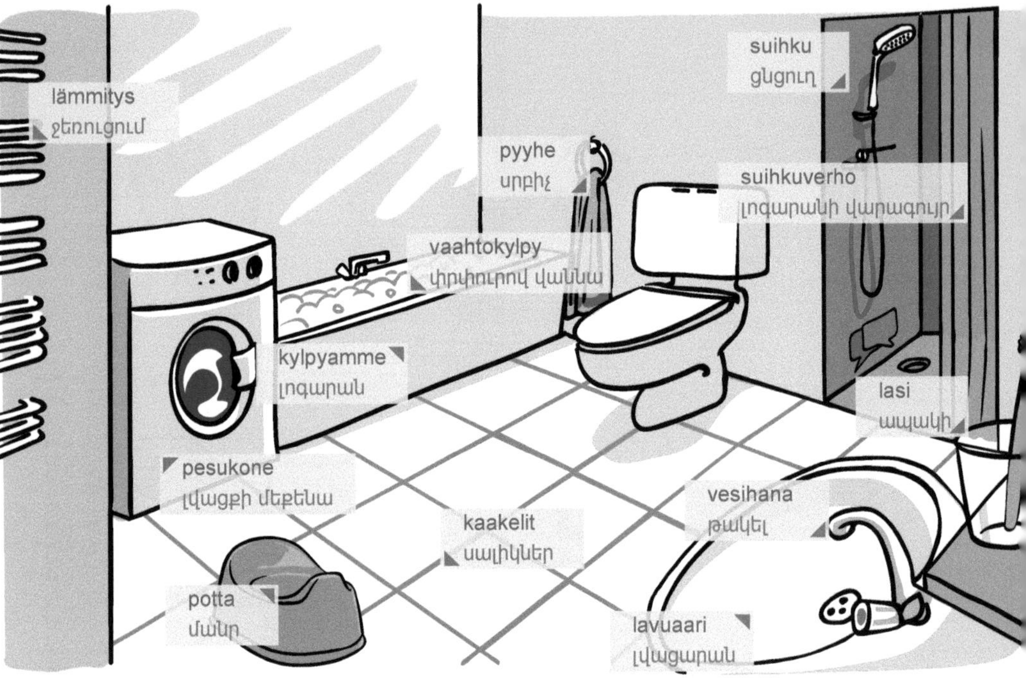

lämmitys
ջեռուցում
suihku
ցնցուղ
pyyhe
սրբիչ
suihkuverho
լոգարանի վարագույր
vaahtokylpy
փրփուրով վաննա
kylpyamme
լոգարան
lasi
ապակի
pesukone
լվացքի մեքենա
vesihana
kaakelit
սալիկներ
potta
մանր
lavuaari
լվացարան

vessa

զուգարան

kyykkyvessa

կզելը զուգարան

bidee

բիդե

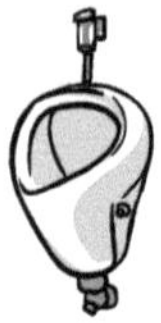

pisuaari

pissoir

vessapaperi

զուգարանի թուղթ

vessaharja

զուգարանի խոզանակ

hammasharja

ատամի խոզանակ

hammastahna

ատամի քսուք

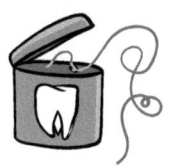

hammaslanka

ատամի թել

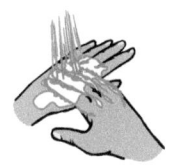

pestä

լվանալ

käsisuihku

ձեռքի ցնցուղ

intiimisuihku

ցնցուղ

pesuvati

ավազան

selkäharja

մեջքի խոզանակ

saippua

օճառ

suihkugeeli

լոգանքի գել

shampoo

շամպուն

pesulappu

ճիլոպ

viemäri

հատականցք

voide

կրեմ

deodorantti

դեզոդորանտ

peili

հայելի

käsipeili

ձեռքի հայելի

partaveitsi

սափրիչ

partavaahto

Սափրվելու փրփուր

partavesi

սափրվելուց հետո քսվող
լոսյոն

kampa

սանր

harja

խոզանակ

hiustenkuivaaja

Մազերի չորացուցիչ

hiuslakka

Մազի լաք

meikki

դիմահարդարում

huulipuna

շրթնաներկ

kynsilakka

եղունգների լաք

pumpuli

բամբակ

kynsisakset

եղունգների մկրատ

hajuvesi

օծանելիք

kosmetiikkalaukku

դիմահարդարման պայուսակ

jakkara

աթոռակ

vaaka

կշեռք

kylpytakki

լողանալու խալաթ

kumihansikkaat

ռետինե ձեռնոցներ

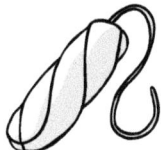

tamponi

տամպոն

terveysside

սանիտարական սրբիչ

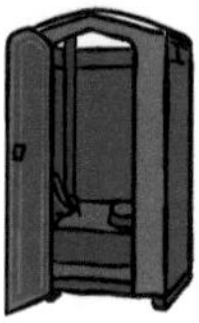

kemiallinen wc

քիմիական զուգարան

lastenhuone

մանկական սենյակ

herätyskello
զարթուցիչ ժամացույց
pehmolelu
փափուկ խաղալիք
leikkiauto
խաղալիք մեքենա
helistin
բլբլալ
nukkekoti
տիկնիկների տնակ
lahja
ներկա

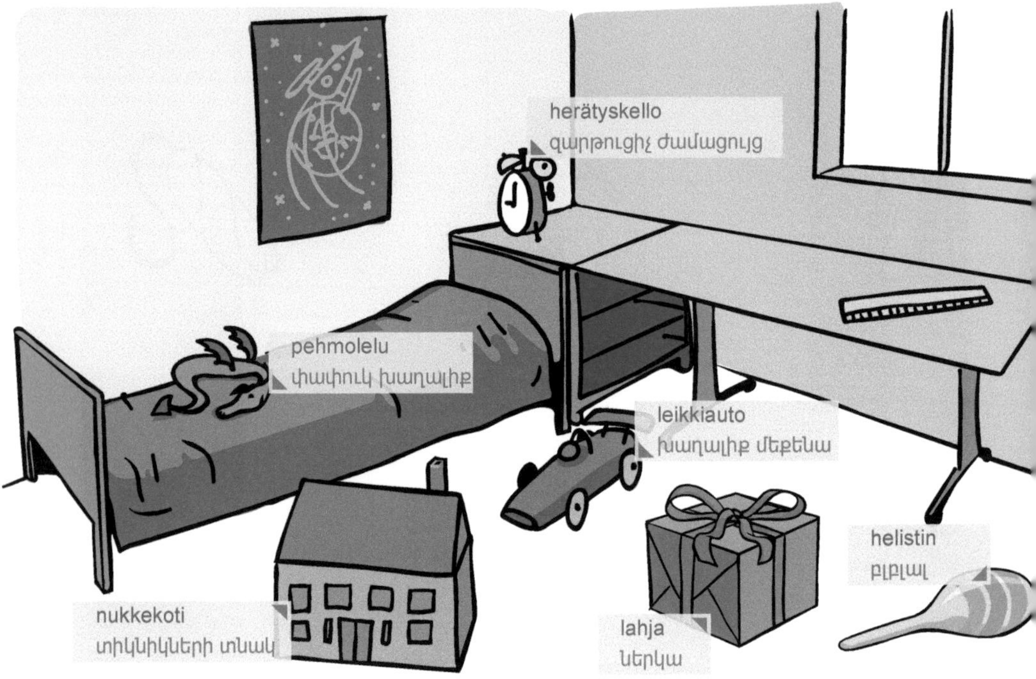

ilmapallo

փուչիկ

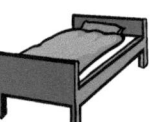

sänky

մահճակալ

lastenvaunut

մանկական սայլակ

korttipeli

խաղաթղթեր

palapeli

խճապատկեր

sarjakuva

կոմիքս

legopalikat

Լեգո կուբիկներ

rakennuspalikat

կառուցողական
խաղալիքներ

supersankari

ակցիան գործիչ

potkupuku

մանկական բոդի

frisbee

Frisbee

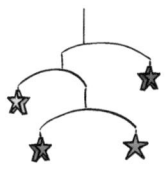

mobile

շարժական

lautapeli

խաղատախտակ

noppa

զառախաղ

pienoisjunarata

գնացքների կազմ

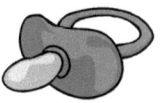

tutti

ծծակ

juhlat

կուսակցություն

kuvakirja

մանկական
պատկերազարդ գիրք

pallo

գնդակ

nukke

տիկնիկ

leikkiä

խաղալ

hiekkalaatikko

ավազե խաղահրապարակի

keinu

ռիթմ

lelut

խաղալիքներ

pelikonsoli

վիդեո խաղ մխիթարել

kolmipyörä

եռանիվ հեծանիվ

nalle

խաղալիք արջուկ

vaatekaappi

պահարան

vaatteet

հագուստ

sukat

կիսագուլպա

nylonsukat

գուլպա

sukkahousut

զուգագուլպա

kaulaliina
շարֆ

sateenvarjo
հովանոց

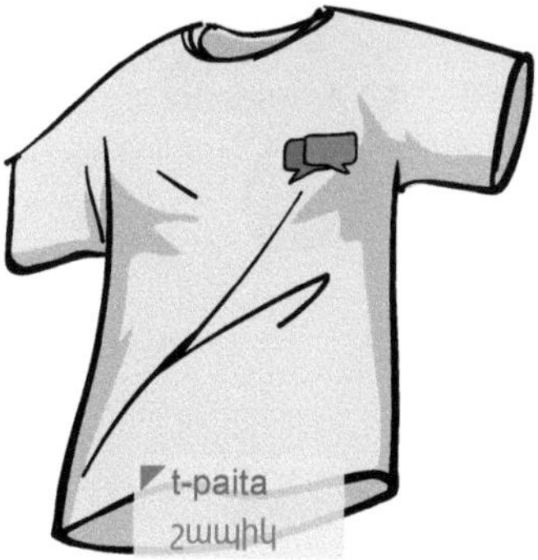

vyö
գոտի

t-paita
շապիկ

lenkkarit
սպորտային կոշիկներ

saappaat
կոշիկ

sisätossut
հողաթափեր

sandaalit
սանդալներ

kengät
կոշիկ

kumisaappaat
ռետինե կոշիկներ

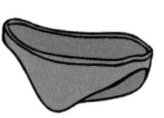

alushousut
վարտիք

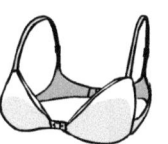

rintaliivit
կրծկալ

aluspaita
մայկա

vaatteet - հագուստ

body

մարմին

housut

անդրավարտիք

farkut

ջինս

hame

կիսաշրջազգեստ

pusero

բլուզ

paita

վերնաշապիկ

villapaita

պուլովեր

collegepaita

սպորտային կուրտկա

jakku

պիջակ

takki

կուրտկա

takki

վերարկու

sadetakki

անձրևանոց

puku

կանացի կոստյում

mekko

զգեստ

hääpuku

հարսանյաց զգեստ

puku

տղամարդու կոստյում

yöpaita

գիշերանոց

pyjama

պիժամա

shari

Սարի

päähuivi

գլխաշորն

turbaani

չալմա

burka

չադրա

kaftaani

արևելյան խալաթ

abaya

հաստ վերարկու

uimapuku

կանացի լողազգեստ

uimahousut

տղամարդու լողազգեստ

shortsit

շորտ

verkkarit

պորտային համազգեստ

esiliina

գոգնոց

käsineet

ձեռնոցներ

nappi

կոճակ

silmälasit

ակնոց

rannekoru

ապարանջան

kaulakoru

վզնոց

sormus

մատանի

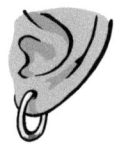

korvakoru

ականջօղ

lippalakki

գլխարկ

ripustin

կախիչ

hattu

գլխարկ

solmio

փողկապ

vetoketju

շղթա

kypärä

սաղավարտ

henkselit

տաբատակալ

koulupuku

դպրոցական համազգեստ

univormu

համազգեստ

ruokalappu

մանկական գոգնոց

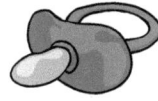

tutti

ծծակ

vaippa

մանկական տակդիր

toimisto

գրասենյակ

palvelin
սերվեր
asiakirjakaappi
գրասենյակային պահարան
paperi
թուղթ
tulostin
տպիչ
näyttö
մոնիտոր
hiiri
մկնիկ
kirjoituspöytä
գրասեղան
kansio
թղթապանակ
näppäimistö
ստեղնաշար
roskakori
աղբարկղ
tietokone
համակարգիչ
tuoli
աթոռ

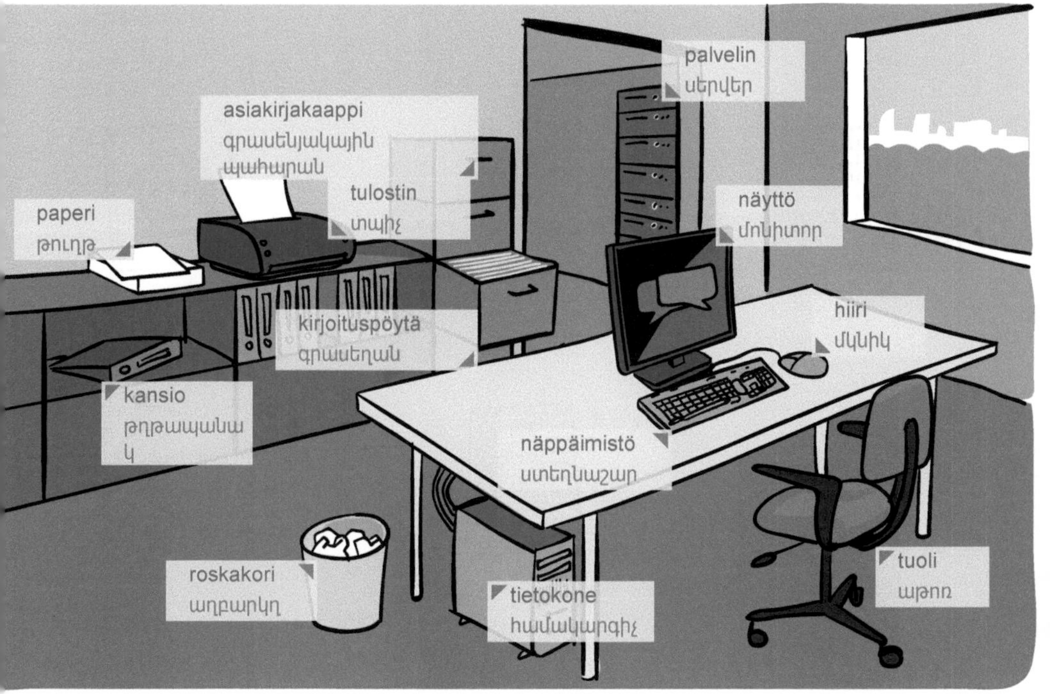

kahvimuki

սուրճի գավաթ

taskulaskin

հաշվիչ

internet

ինտերնետ

toimisto - գրասենյակ 49

kannettava tietokone

laptop

kirje

նամակ

viesti

հաղորդագրություն

kännykkä

բջջային հեռախոս

verkko

ցանց

kopiokone

պատճենահանման սարք

ohjelmisto

ծրագրային ապահովում

puhelin

հեռախոս

pistorasia

վարդակ

faksi

ֆաքսի մեքենա

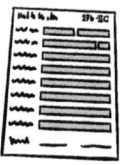

lomake

տեսակ

asiakirja

փաստաթուղթ

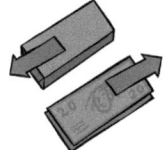

ostaa

գնել

maksaa

վճարել

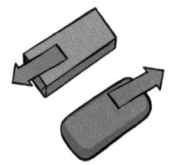

vaihtaa

առեւտրի

raha

փող

dollari

դոլար

euro

եվրո

jeni

իեն

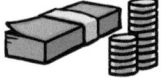

rupla

ռուբլի

frangi

շվեյցարական ֆրանկ

renminbi juan

յուան

rupia

ռուպի

pankkiautomaatti

բանկոմատ

rahanvaihto

փոխանակման կետ

kulta

ոսկի

hopea

արծաթ

öljy

նավթ

energia

էներգիա

hinta

գին

sopimus

պայմանագիր

vero

հարկ

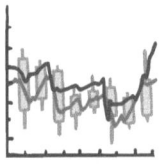

osake

ակցիաներ

työskennellä

աշխատանք

työntekijä

ծառայող

työnantaja

գործատուն

tehdas

գործարան

liike

խանութ

ammatit

մասնագիտություն

poliisi
ոստիկան
palomies
հրշեջ
kokki
խոհարար
lääkäri
բժիշկ
lentäjä
օդաչու

puutarhuri

այգեպան

puuseppä

ատաղձագործ

ompelija

դերձակուհի

tuomari

դատավոր

kemisti

քիմիկոս

näyttelijä

դերասան

linja-autonkuljettaja

ավտոբուսի վարորդ

taksinkuljettaja

տաքսու վարորդ

kalastaja

ձկնորս

siivooja

հավաքարար

katontekijä

տանիքագործ

tarjoilija

մատուցող

metsästäjä

որսորդ

maalari

նկարիչ

leipuri

հացթուխ

sähköasentaja

էլեկտրատեխնիկ

rakentaja

շինարար

insinööri

ինժեներ

teurastaja

մսագործ

putkiasentaja

ջրմուղագործ

postinjakaja

փոստաբար

sotilas

զինվոր

arkkitehti

ճարտարապետ

kassanhoitaja

գանձապահ

floristi

ծաղկավաճառ

kampaaja

վարսավիր

konduktööri

տոմսավաճառ

mekaanikko

մեխանիկ

kapteeni

կապիտան

hammaslääkäri

ատամնաբույժ

tiedemies

գիտնական

rabbi

ռաբբի

imaami

Իմամ

munkki

կուսակրոն

pappi

հոգևորական

työkalut
գործիքներ

vasara
մուրճ
pihdit
տափակաբերան աքցան
ruuvimeisseli
պտուտակահան
jakoavain
դարձակ
taskulamppu
լապտեր

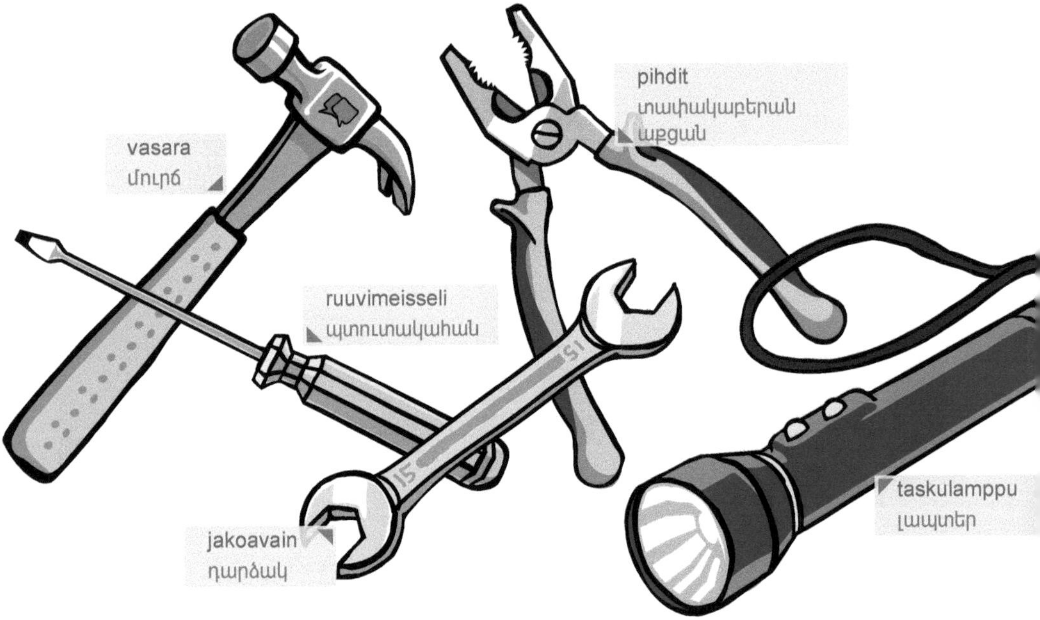

kaivinkone

էքսկավատոր

työkalupakki

գործիքների տուփ

tikkaat

սանդուղք

saha

սղոց

naulat

մեխեր

pora

գայլիկոն

korjata

նորոգում

lapio

բահ

Hitto!

գրողը տանի

rikkalapio

գոգաթիակ

maalipurkki

ներկաման

ruuvit

պտուտակներ

soittimet

երաժշտական գործիքներ

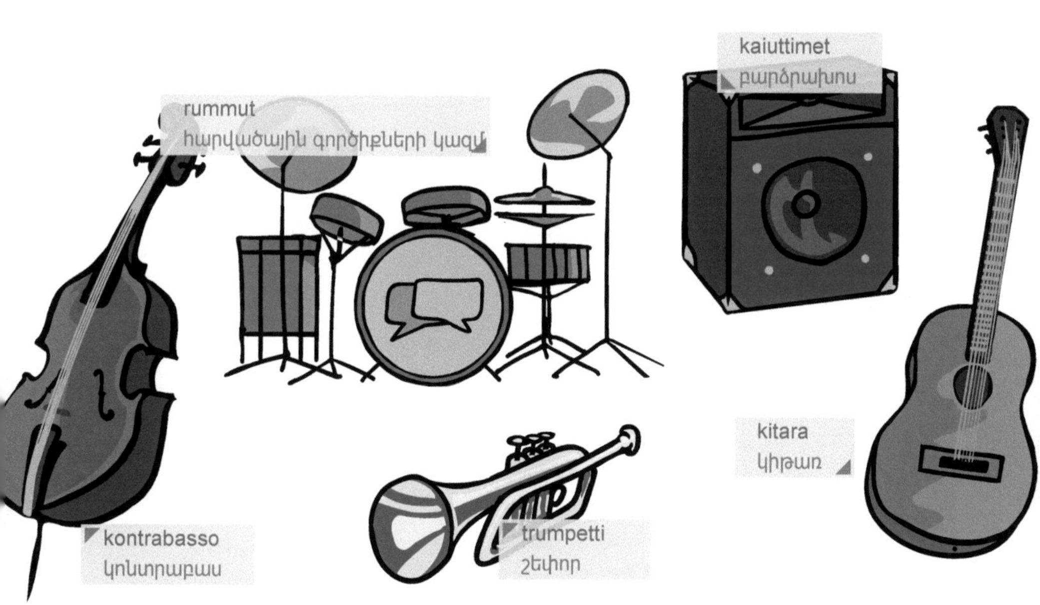

kaiuttimet
բարձրախոս
rummut
հարվածային գործիքների կազմ
kitara
կիթառ
kontrabasso
կոնտրաբաս
trumpetti
շեփոր

piano

դաշնամուր

viulu

ջութակ

basso

բաս

patarummut

թմբուկներ

rumpu

հարվածային գործիքներ

kosketinsoitin

ստեղնաշար

saksofoni

սաքսոֆոն

huilu

ֆլեյտա

mikrofoni

միկրոֆոն

eläintarha

կենդանաբանական այգի

sisäänkäynti
մուտք
tiikeri
վագր
häkki
վանդակ
seepra
զեբր
eläinten ruoka
կենդանիների կերակուր
panda
պանդա

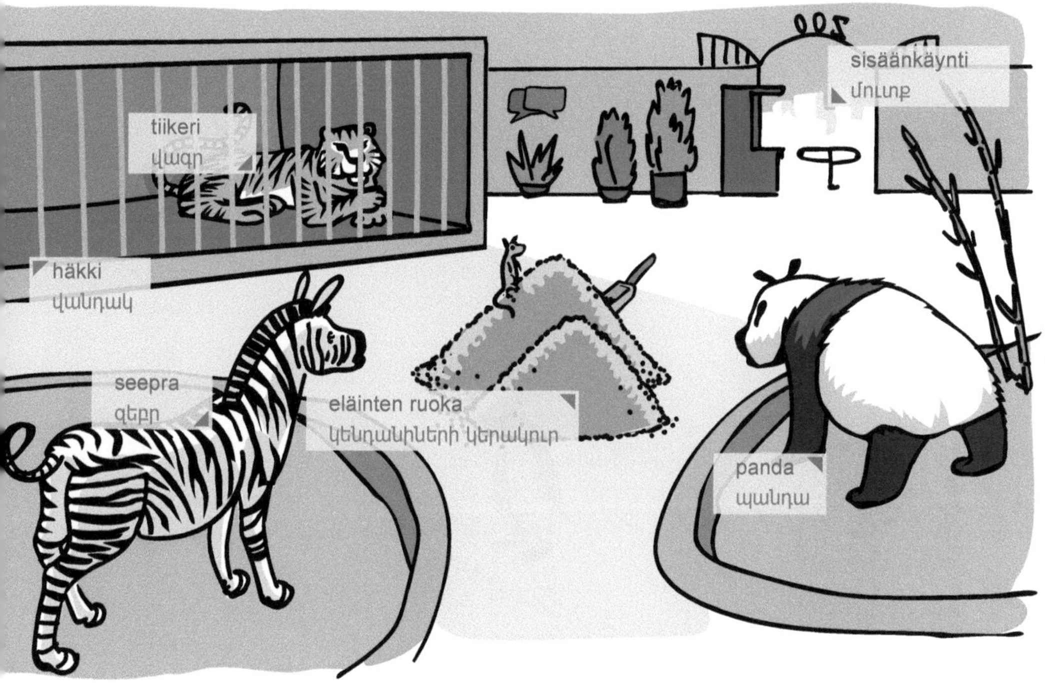

eläimet

կենդանիներ

norsu

փիղ

kenguru

կենգուրու

sarvikuono

ռնգեղջյուր

gorilla

գորիլա

karhu

գորշ արջ

kameli

ուղտ

strutsi

ջայլամ

leijona

առյուծ

apina

կապիկ

flamingo

ֆլամինգո

papukaija

թութակ

jääkarhu

բևեռային արջ

pingviini

պինգվին

hai

շնաձուկ

riikinkukko

սիրամարգ

käärme

օձ

krokotiili

կոկորդիլոս

eläintarhanhoitaja

կենդանաբանական այգու
աշխատող

hylje

փոկ

jaguaari

յագուար

poni

պոնի

leopardi

ընձառյուծ

virtahepo

գետաձի

kirahvi

ընձուղտ

kotka

արծիվ

villisika

վարազ

kala

ձուկ

kilpikonna

կրիա

mursu

ծովացուլ

kettu

աղվես

gaselli

վիթ

urheilu
սպորտներ

amerikkalainen jalkapallo
ամերիկյան ֆուտբոլ
pyöräily
հեծանվավազք
tennis
թենիս
koripallo
բասկետբոլ
uinti
լող
jääkiekko
հոկեյ
nyrkkeily
բռնցքամարտ

jalkapallo
....
ֆուտբոլ

sulkapallo
....
բադմինտոն

yleisurheilu
....
աթլետիկա

käsipallo
....
ձեռքի գնդակ

hiihto
....
դահուկային սպորտ

poolo
....
պոլո

nauraa
ծիծաղել
hypätä
ցատկել
halata
գրկել
kävellä
քայլել
laulaa
երգել
unelmoida
երազել
rukoilla
աղոթել
suudella
համբուրել

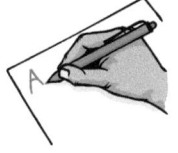

kirjoittaa

գրել

piirtää

նկարել

näyttää

ցույց տալ

painaa

հրել

antaa

տալ

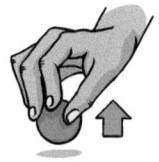

ottaa

վերցնել

omistaa

ունենալ

tehdä

դեպի

olla

լինել

seisoa

կանգնել

juosta

վազել

vetää

քաշել

heittää

նետել

kaatua

ընկնել

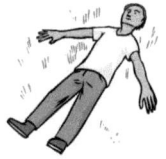

maata

ստել

odottaa

սպասել

kantaa

կրել

istua

նստել

pukeutua

հագնվել

nukkua

քնել

herätä

արթնանալ

katsoa

նայել

itkeä

լացել

silittää

շոյել

kammata

սանրվել

puhua

խոսել

ymmärtää

հասկանալ

kysyä

հարցնել

kuunnella

լսել

juoda

խմել

syödä

ուտել

siivota

հարդարվել

rakastaa

սիրել

keittää

խոհարար

ajaa

քշել

lentää

թռչել

purjehtia

լողալ

laskea

հաշվել

lukea

կարդալ

oppia

սովորել

työskennellä

աշխատանք

mennä naimisiin

ամուսնանալ

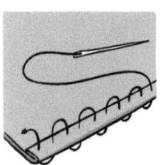

ommella

կարել

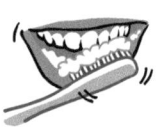

pestä hampaat

ատամները լվանալ

tappaa

սպանել

tupakoida

ծուխ

lähettää

ուղարկել

perhe
ընտանիք

mummo
տատիկ
ukki
պապիկ
isä
հայր
äiti
մայր
vauva
երեխա
tytär
դուստր
poika
որդի

vieras

հյուր

täti

հորաքույր

setä

հորեղբայր

veli

եղբայր

sisko

քույր

vartalo

մարմին

otsa
ճակատ
silmä
աչք
olkapää
ուս
sormet
մատ
kasvot
դեմք
leuka
կզակ
käsi
ձեռք
jalka
ոտք
rinta
käsivarsi
թև

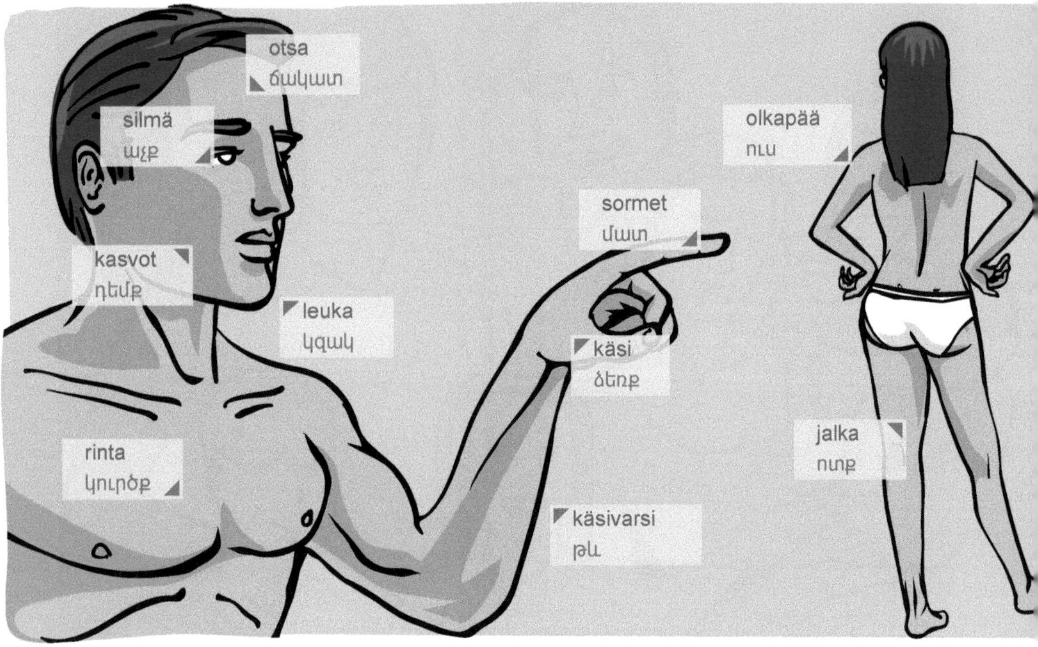

vauva

երեխա

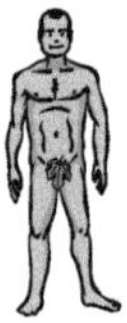

mies

մարդ

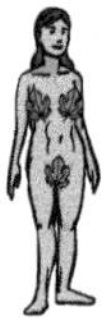

nainen

կին

tyttö

աղջիկ

poika

տղա

pää

գլուխ

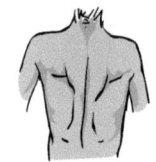

selkä
Մեջք

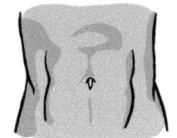

maha
փոր

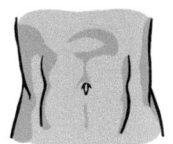

napa
պորտ

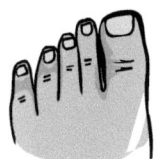

varvas
ոտնամատ

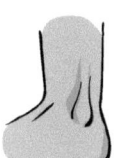

kantapää
կրունկ

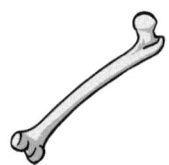

luu
ոսկոր

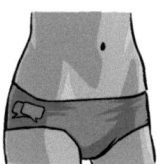

lantio
ազդր

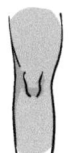

polvi
ծունկ

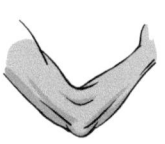

kyynärpää
արմունկ

nenä
քիթ

takapuoli
հետույք

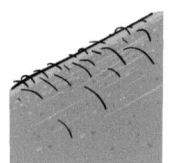

iho
մաշկ

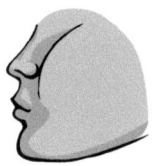

poski
այտ

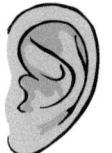

korva
ականջ

huuli
շրթունք

suu

բերան

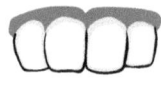

hammas

ատամ

kieli

լեզու

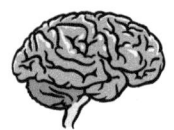

aivot

ուղեղ

sydän

սիրտ

lihas

մկան

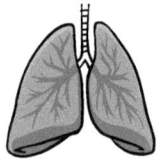

keuhkot

թոք

maksa

լյարդ

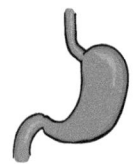

vatsa

ստամոքս

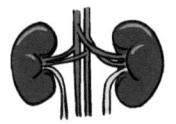

munuaiset

երիկամներ

seksi

սեքս

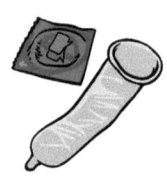

kondomi

պահպանակներ

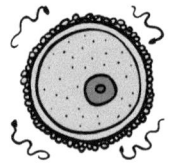

munasolu

ձվաբջիջը

sperma

Սեմյոն

raskaus

հղիություն

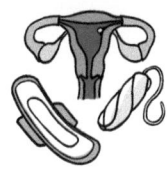

kuukautiset

դաշտան

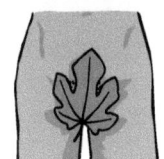

vagina

հեշտոց

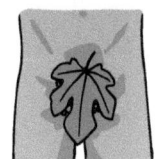

penis

առնանդամ

kulmakarvat

հոնք

hiukset

մազ

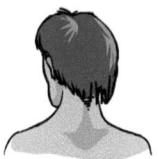

niska

պարանոց

sairaala
հիվանդանոց

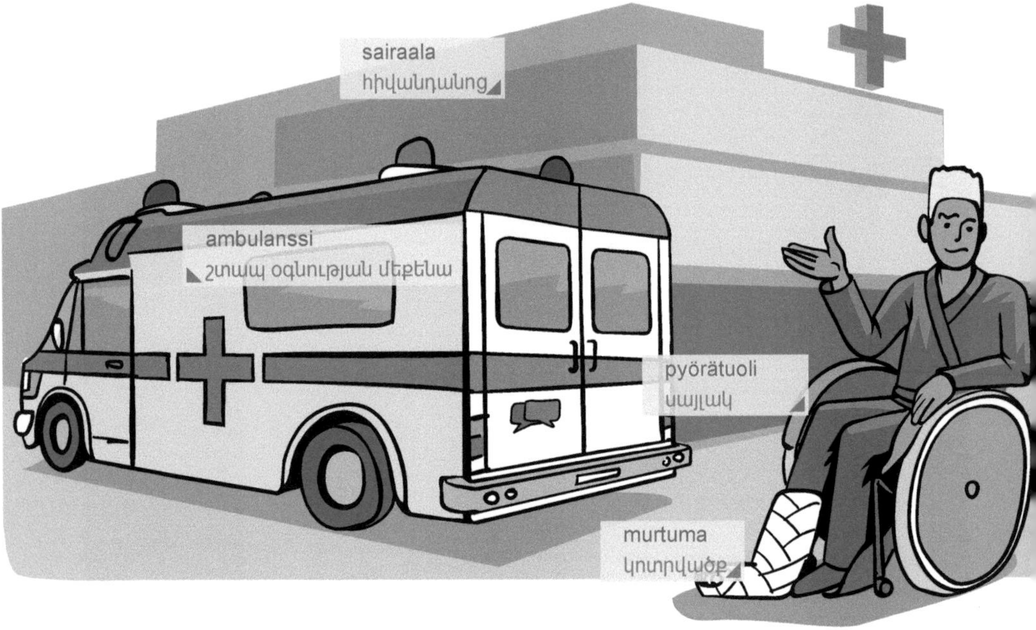

sairaala
հիվանդանոց
ambulanssi
շտապ օգնության մեքենա
pyörätuoli
սայլակ
murtuma
կոտրվածք

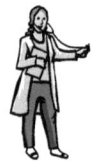

lääkäri

բժիշկ

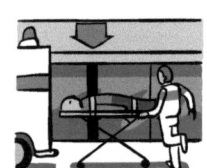

ensiapu

շտապ օգնության սենյակ

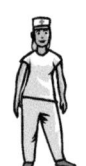

sairaanhoitaja

բուժքույր

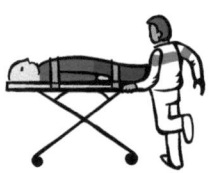

hätätilanne

շտապ օգնություն

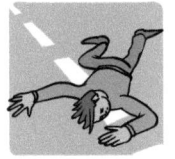

tajuton

անգիտակից

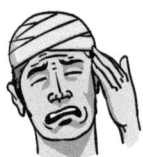

kipu

ցավ

vamma

վնասվածք

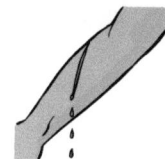

verenvuoto

արյունահոսություն

sydänkohtaus

սրտի կաթված

aivoinfarkti

կաթված

allergia

ալերգիա

yskä

հազ

kuume

տենդ

flunssa

գրիպ

ripuli

փորլուծություն

päänsärky

գլխացավ

syöpä

քաղցկեղ

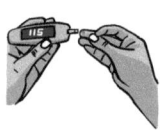

diabetes

դիաբետ

kirurgi

վիրաբույժ

veitsi

վիրադանակ

leikkaus

վիրահատություն

ct

CT

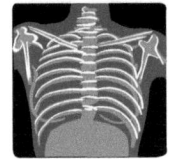

röntgen

ռենտգեն

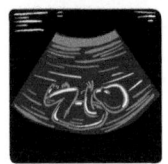

ultraääni

ուլտրաձայնային

maski

դեմքի դիմակ

sairaus

հիվանդություն

odotushuone

սպասասրահ

sauva

հենակ

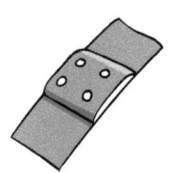

laastari

սպեղանի

side

վիրակապ

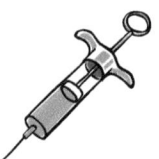

pistos

ներարկում

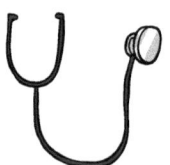

stetoskooppi

լսափողակ

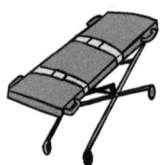

paarit

պատգարակ

kuumemittari

ջերմաչափ

syntymä

ծնունդ

ylipaino

ավելաքաշ

kuulolaite

լսելով օգնության

desinfiointiaine

ախտահանիչ

infektio

վարակ

virus

վիրուս

HIV / AIDS

ՄԻԱՎ / ՁԻԱՀ

lääke

դեղորայք

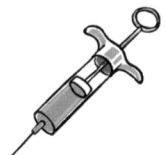

rokotus

պատվաստում

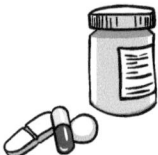

tabletit

հաբեր

pilleri

հաբ

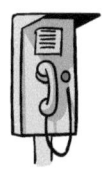

hätäpuhelu

ահազանգ

verenpainemittari

արյան ճնշման չափիչ սարք

sairas / terve

հիվանդ / առողջ

hätätilanne

շտապ օգնություն

Apua!

Օգնություն!

hälytys

տագնապի ազդանշան

ryöstö

հարձակում

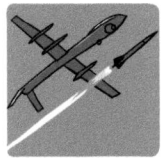

hyökkäys

հարձակում

vaara

վտանգ

hätäuloskäynti

վթարային ելք

Tulipalo!

Հրդեհ

palosammutin

կրակմարիչ

onnettomuus

վթար

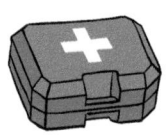

ensiapulaukku

առաջին օգնության դեղարկղ

SOS

SOS

poliisilaitos

ոստիկանություն

Eurooppa
Եվրոպա

Pohjois-Amerikka
Հյուսիսային Ամերիկա

Etelä-Amerikka
Հարավային Ամերիկա

Afrikka
Աֆրիկա

Aasia
Ասիա

Australia
Ավստրալիա

Atlantin valtameri
Ատլանտյան օվկիանոս

Tyynimeri
Խաղաղ օվկիանոս

Intian valtameri
Հնդկական օվկիանոս

Eteläinen jäämeri
Հարավային Սառուցյալ օվկիանոս

Pohjoinen jäämeri
Հյուսիսային Սառուցյալ օվկիանոս

pohjoisnapa
հյուսիսային բևեռ

etelänapa

հարավային բևեռ

Antarktis

Անտարկտիդա

maa

երկիր

maa

ցամաք

meri

ծով

saari

կղզի

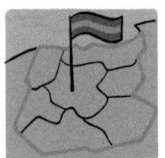

kansa

ազգ

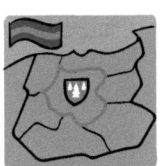

osavaltio

պետական

kello
ժամացույց

kellotaulu

թվատախտակ

tuntiviisari

ժամի սլաք

minuuttiviisari

րոպեի սլաք

sekuntiviisari

վայրկյանի սլաք

Paljonko kello on?

Ժամը քանիսն է?

päivä

օր

aika

այսպիսով

nyt

այժմ

digitaalikello

թվային ժամացույց

minuutti

րոպե

tunti

ժամ

viikko
շաբաթ

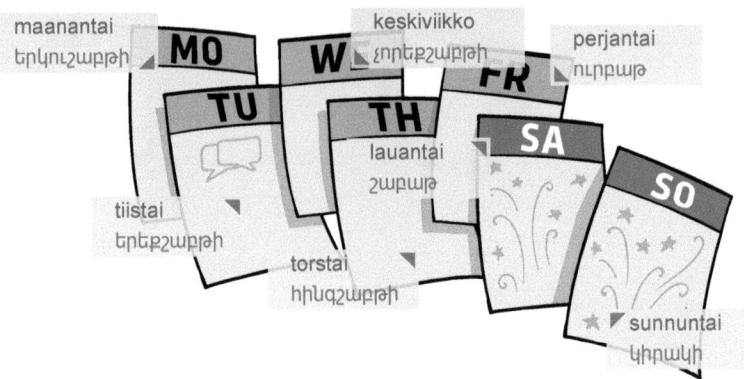

maanantai
երկուշաբթի

keskiviikko
չորեքշաբթի

perjantai
ուրբաթ

tiistai
երեքշաբթի

lauantai
շաբաթ

torstai
հինգշաբթի

sunnuntai
կիրակի

eilen
....
այսօր

tänään
....
այսօր

huomenna
....
վաղը

aamu
....
առավոտ

keskipäivä
....
կեսօր

ilta
....
երեկո

työpäivät
....
աշխատանքային օրեր

viikonloppu
....
շաբաթվա վերջ

sade
անձրև
sateenkaari
ծիածան
lumi
ձյուն
tuuli
քամի
kevät
գարուն
syksy
աշուն
kesä
ամառ
talvi
ձմեռ

4.APRIL 11°
5.APRIL 4°
6.APRIL 13°
7.APRIL 8°
8.APRIL 10°

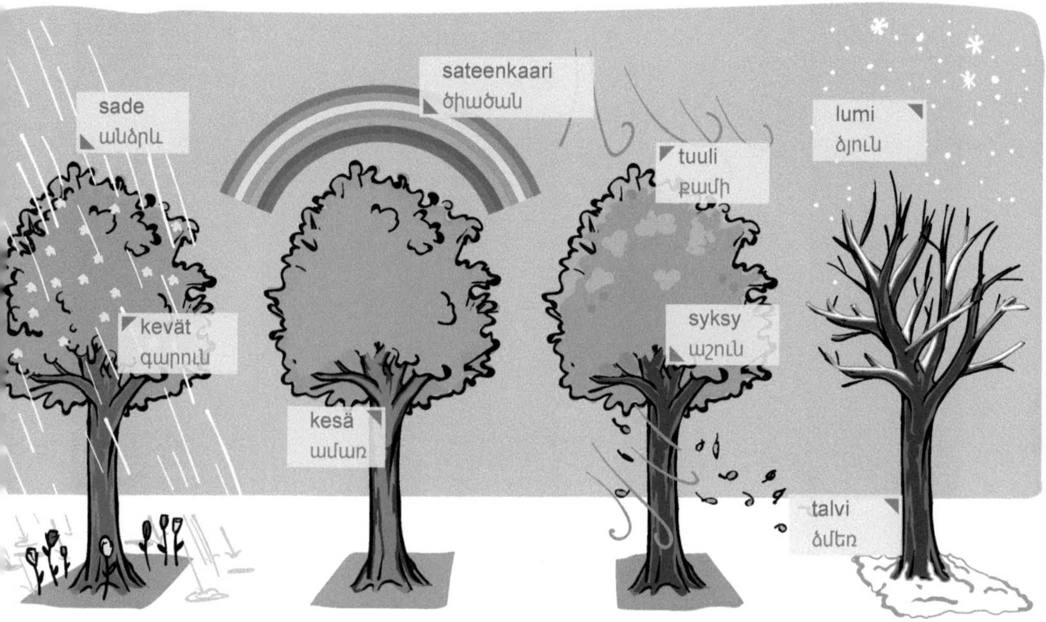

sääennuste

....

եղանակի տեսություն

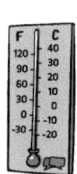

lämpömittari

....

ջերմաչափ

auringonpaiste

....

արևի լույս

pilvi

....

ամպ

sumu

....

մառախուղ

ilmankosteus

....

խոնավություն

salama

կայծակ

ukkonen

որոտ

myrsky

փոթորիկ

rae

կարկուտ

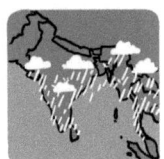

monsuuni

մուսոն

tulva

ջրհեղեղ

jää

սառույց

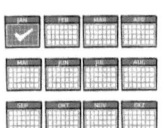

tammikuu

հունվար

helmikuu

փետրվար

maaliskuu

մարտ

huhtikuu

ապրիլ

toukokuu

մայիս

kesäkuu

հունիս

heinäkuu

հուլիս

elokuu

օգոստոս

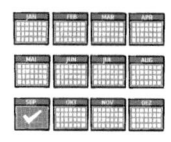

syyskuu

սեպտեմբեր

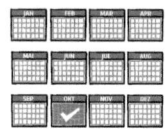

lokakuu

հոկտեմբեր

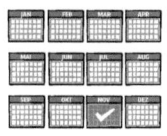

marraskuu

նոյեմբեր

joulukuu

դեկտեմբեր

muodot
ձևավորում

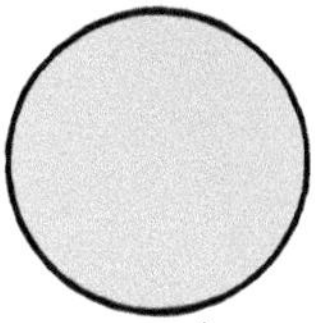

ympyrä

շրջան

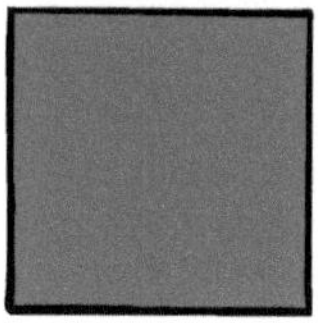

neliö

քառակուսի

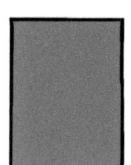

suorakulmio

ուղղանկյունի

kolmio

եռանկյունի

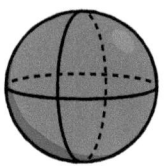

pallo

ասպարեզ

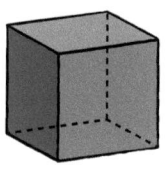

kuutio

խորանարդ

värit

գույներ

valkoinen

վարդագույն

keltainen

մոխրագույն

oranssi

դեղին

vaaleanpunainen

մանուշակագույն

punainen

կարմիր

violetti

շագանակագույն

sininen

կապույտ

vihreä

սև

ruskea

նարնջագույն

harmaa

սպիտակ

musta

կանաչ

paljon / vähän

շատ / քիչ

vihainen / ystävällinen

բարկացած / հանգիստ

kaunis / ruma

գեղեցիկ / տգեղ

alku / loppu

սկսած / վերջը

suuri / pieni

մեծ / փոքր

vaalea / tumma

պայծառ / մութ

veli / sisko

եղբայրը / քույրը

puhdas / likainen

մաքուր / կեղտոտ

täydellinen / epätäydellinen

ամբողջական / թերի

päivä / yö

օր / գիշեր

kuollut / elävä

մեռած / կենդանի

leveä / kapea

լայն / նեղ

syötävä / syömäkelvoton

ուտելի / անուտելի

paha / kiltti

չար / բարի

innostunut / tylsistynyt

հուզված / ձանձրացրել

lihava / laiha

հաստ / բարակ

ensimmäinen / viimeinen

առաջին / վերջին

ystävä / vihollinen

ընկերը / թշնամին

täysi / tyhjä

լիքը / դատարկ

kova / pehmeä

կոշտ / փափուկ

painava / kevyt

ծանր / թեթև

nälkä / jano

քաղց / ծարավ

sairas / terve

հիվանդ / առողջ

laiton / laillinen

անօրինական է / իրավաբանական

älykäs / tyhmä

խելացի / հիմարություն

vasen / oikea

ձախ / աջ

lähellä / kaukana

մոտիկ / հեռու

uusi / käytetty

Նոր / օգտագործվում

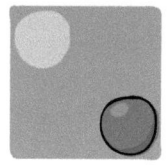

ei mitään / jotain

ոչինչ / ինչ - որ բան

vanha / nuori

ծեր / երիտասարդ

päällä / pois päältä

միացում անջատում

auki / kiinni

բաց / փակ

hiljainen / äänekäs

ցածր / բարձր

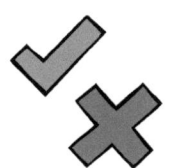

rikas / köyhä

հարուստ / աղքատ

oikein / väärin

ճիշտ / սխալ

karhea / sileä

անհարթ / հարթ

surullinen / iloinen

տխուր / ուրախ

lyhyt / pitkä

կարճ / երկար

hidas / nopea

դանդաղ / արագ

märkä / kuiva

թաց / չոր

lämmin / viileä

տաք / թույն

sota / rauha

պատերազմ /
խաղաղությունը

numerot

թվեր

0	1	2
nolla	yksi	kaksi
զրո	մեկ	երկու
3	4	5
kolme	neljä	viisi
երեք	չորս	հինգ
6	7	8
kuusi	seitsemän	kahdeksan
վեց	յոթ	ութ
9	10	11
yhdeksän	kymmenen	yksitoista
ինը	տաս	տասնմեկ

12
kaksitoista

տասներկու

13
kolmetoista

տասներեք

14
neljätoista

տասնչորս

15
viisitoista

տասնհինգ

16
kuusitoista

տասնվեց

17
seitsemäntoista

տասնյոթ

18
kahdeksantoista

տասնութ

19
yhdeksäntoista

տասնինը

20
kaksikymmentä

քսան

100
sata

հարյուր

1.000
tuhat

հազար

1.000.000
miljoona

միլիոն

kielet

լեզուներ

englanti

անգլերեն

amerikanenglanti

ամերիկյան անգլերեն

mandariinikiina

չինարեն մանդարին

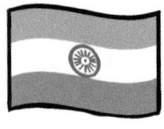

hindi

հինդի

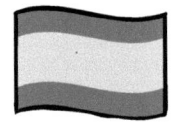

espanja

իսպաներեն

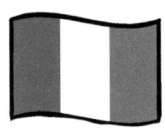

ranska

ֆրանսերեն

arabia

արաբերեն

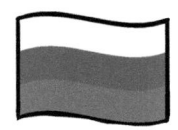

venäjä

ռուսերեն

portugali

պորտուգալերեն

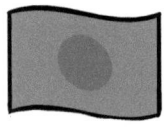

bengali

բենգալերեն

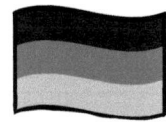

saksa

գերմաներեն

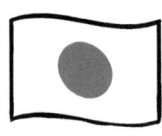

japani

ճապոներեն

kuka / mitä / miten

Ով է /, թե ինչ է /, ինչպես

minä

ես

sinä

դուք

hän

Նա / նա /, որ դա

me

մենք

te

դուք

he

նրանք

kuka?

Ով է?

mitä / mikä?

ինչ?

miten?

ինչպես?

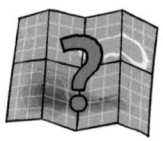

missä?

որտեղ.

milloin?

երբ?

nimi

անուն

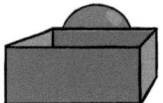

missä

որտեղ

takana

ետևում

sisällä

մեջ

edessä

դիմաց

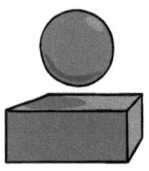

yläpuolella

վրա

päällä

վրա

alapuolella

տակ

vieressä

կողքին

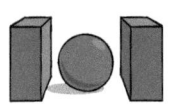

välissä

միջեւ

paikka

տեղ